그 마음들은 목적지가 없다

선유서가

그 마음들은 목적지가 없다

북 씨

우리는 서로 말이 없었다

말하지 않아도 알 수 있었으므로

말하지 않는 게
서로를 지키는 방법이라 생각했고
그렇게라도 살아내야 했으므로

우리는 서로 말이 없었다

목차

1부 자꾸만 바닥으로 쏟아져 내렸다

자꾸만 바닥으로 쏟아져 내렸다	16
이제 우리는 없다	18
변한 건 우리의 마음뿐	20
벼랑 끝	22
멍청이	24
사랑만 남고 다 사라져 버렸다	26
무슨 말이 필요해	28
헛된 희망	30
사실은 너무 잘 알아서	32
힘든 시간	34
후회	36
인생	38
눈치	40

2부 그 마음들은 목적지가 없다

나는 묻고 싶습니다	44
여전히	46
시간	48
거짓	50
마주하는 일	52
자꾸만 넘어졌다	54
슬픈 이유	56
그 마음들은 목적지가 없다	58
나는 겁쟁이다	60
그렇게 살자	62
이제 그만	64
뱉어내지 못한 마음들	66
네가 너무나 선명해서	68
그래서 그래	70

3부 우린 서로에게 더 큰 아픔이 될 거야

차마	74
언제까지	76
외로움	78
행복	80
너는 끝내 나를 모르고 우린 다시 마주하지 않겠지	82
내일도 나는 당신이 그리워 마음 아프겠지	84
영원	86
할 수 있는 일	88
처음부터 아무도 없었던 것처럼	90
우린 서로에게 더 큰 아픔이 될 거야	92
제자리	94

4부 행복은 바라지 않아요

이름	98
미련	100
당신의 옆자리	102
행복은 바라지 않아요	104
더이상 어리지가 않다	106
당신	108
그게 너라서	110
숨이 녹아 가슴이 뜨겁다	112
말하지 못한 슬픔	114
세상에서 가장 잔인한	116
조금은 더 행복한 선택	118

1부

자꾸만 바닥으로 쏟아져 내렸다

자꾸만 바닥으로 쏟아져 내렸다

우리가 더이상 행복하지 않다는 걸 알았을 때,
날 바라보는 네 눈빛이 더는 반짝이지 않고
내 손을 잡는 네 손에서 따스함이 느껴지지 않을 때에도
나는 너를 사랑했다

너의 목소리에 이제는 아무런 감정도
묻어나지 않는 걸 알면서도
내 마음은 자꾸만 바닥으로 쏟아져 내렸다
피가 뚝뚝 흘러나왔다

이제 내 눈에도 목소리에도 더는 사랑이 없는데
자꾸만 마음이 아파서 신음소리를 냈다
이런 나를 생기 없는 표정으로 바라보는 너를
나는 어찌할 도리가 없어 사랑하고 있다

이제 우리는 없다

네가 했던 말의 의미를 난 오늘에서야 알았어
아, 이거였구나
우리가 더이상 대화를 하지 않는다는 말이
사실이었구나

좀 더 구체적으로 말하자면,
우린 더이상 우리에 대해 이야기하지 않는다
서로에 대해, 너에 대하여 이야기한다
이제 우리는 없다
그러니까 우리의 대화도 없는 거다

이제 곧 너도 사라지겠지
내가 사라지는 것처럼

변한 건 우리의 마음뿐

어디부터 잘못된 걸까
대체 어디부터 바로잡아야 하지
아니 바로 잡는 게 맞나
잘못된 게 맞긴 한가
바로잡으면 다시 돌이킬 수 있나
이제 와 이게 무슨 의미가 있지

똑같은 실수
똑같은 질문
똑같은 대답

변한 건 우리의 마음뿐

벼랑 끝

아슬아슬
휘청휘청
벼랑 끝에 서 있는 기분

숨을 들이쉬는 것도
내쉬는 것도
어느 것 하나 쉽지 않고
한 걸음 내딛기가 겁이 나는데

뒤돌아 갈 용기는 없어서
실오라기라도 붙잡을 수 있기를
바라고 있는 우리

그래도 혼자가 아니어서 다행이라고
네가 있어 서 있을 힘이라도 내고 있다고
온몸으로 말하고 있는 나를
너는 알까

멍청이

매번 같은 실수를 하는 건 멍청이랬는데
난 멍청이가 맞는 모양이다
한두 번도 아니고 열 몇 번을
같은 자리에서 같은 이유로 넘어지는 걸 보니

넘어지는 순간부터
무릎이 까져 피가 나고 흉터가 질 때까지
나는 수없이 많은 후회와 자책의 말을 내뱉고
다짐했다

무엇이 문제일까
자꾸만 그 자리를 잊어버리는 걸까
나를 너무 믿는 걸까

이제는 그만 넘어지고 싶은데
더는 흉터가 생길 자리도 없는데
언제까지 넘어지고 일어서야
그 길로 가지 않으려나

사랑만 남고 다 사라져 버렸다

그래도 사랑이 있어
버틸 만하였다
그래도 네가 내 곁에 있어
웃기도 하였다

사랑만으로
너 하나만으로는
안 되는 일이었나 보다

내 사랑만 남고 다 사라져 버렸다
네 몸뚱이만 내 앞에 아른거릴 뿐

무슨 말이 필요해

'오늘 너무 힘들다'
하고 생각하는 순간에 눈물이 났어
오늘 때문에 눈물이 난 건 아니야
너 때문에, 당신 때문에 눈물이 났어

내가 이렇게 힘들어 할 동안
당신은 어디에서 뭘 하고 있었을까
나처럼 힘들어 울고 있었나
그래서 나는 안중에도 없던 걸까

이제 와 무슨 말이 필요하겠어
그 어떤 말로도 위로가 되지 않는데
내가 원하지 않는데
이게 다 무슨 소용이야

헛된 희망

좋았어
사랑받는 기분이 들었어
이 세상에 나를 이렇게나 사랑해주는 사람이 있구나,
싶어서 행복했어
다른 건 생각나지도 그립지도 않았어
생각할 겨를조차 없었지

그러다 내 삶이 망가지기 시작했고, 나는 외면했어
괜찮을 거라 생각했으니까
내가 무너져 갈수록 사랑도 뒤틀렸어
채워지지 않았고, 채울 수도 없었지
그건 불가능이니까
아무리 사랑을 쏟아내도 조각난 마음이
그걸 받아낼 수 있을 리가 없잖아

그때는 몰랐어
그냥 도망치고 싶었고, 원망하고 싶었는지도 몰라
사실은 나의 헛된 희망 때문이었는데
그때는 그걸 몰랐어 어리석게도

사실은 너무 잘 알아서

알 수 없는 기분이다
할 일이 없는 것도 아니며
그렇다고 당장 숨 막힐 정도로 바쁜 것도 아닌데
마음이 무겁다
시간이 있어도 아무것도 할 수가 없다
마음이 동하지 않는다

무엇이 필요한지
원하는 게 무엇인지 잘 모르는 기분이지만
사실은 너무 잘 알아서인지도 모르겠다

세상은 마음 먹은 대로 되지 않는다지만
그래도 조금은 마음 같으면 좋으련만

힘든 시간

힘든 시간을 같이 견디면
더 단단해질 줄 알았다
더는 함께 힘들고 싶지 않아질 줄은 모르고

후회

차라리 몰랐다면 좋았을 일들
애초에 만나지 않았다면 좋았을 사람
너를 사랑하지 말았어야 했던 나

인생

아무도 당신이 그런 사람인지 몰랐대
나는 내가 거짓말을 하는 게 아닐까 생각했어
잠시 이성을 잃고 옛날에 봤던
드라마 줄거리를 떠들어대는 게 아닐까 생각했지
그렇게 이야기가 끝나고
하나둘 집으로 돌아갈 시간이 돼서야 알았어
이건 소설도 드라마도 아닌 내 인생이구나

눈치

서운한데
서운하다고 말하는 일조차
눈치를 보게 만드는 사람

2부

그 마음들은 목적지가 없다

나는 묻고 싶습니다

내가 잠들지 못하는 이유를
나는 알지 못하는데
혹여 당신은 알고 있나요?

긴긴밤을
홀로 지새워야만 하는 까닭을
나는 묻고 싶습니다

여전히

수없이 많은 실수를 하고 후회하기를 반복했는데
이제는 그만할 때도 된 것 같은데
아직도 후회할 걸 알면서 실수를 한다

그 순간의 유혹이 얼마나 달콤했을까
참을 수는 없었던 걸까

후회는 아무리 빨라도
실수가 없던 일이 되지는 않는 법인데
그걸 나는 너무도 잘 알면서도
여전히 실수투성이
아직도 후회 속을 첨벙첨벙 헤엄치고 있다

시간

시간은 계속 앞으로 가는데
나는 자꾸만 뒤를 돌아보게 돼

거짓

잘못이라는 걸 알면서도
나는 내 스스로를 속였다

남들이 알지 못하도록
나조차도 잊을 수 있도록
끊임없이 포장하고
거짓을 말했다

그러고 나면 괜찮아질 줄 알았다
그리고 괜찮았다
아주 잠시 동안

마주하는 일

잊고 있던 순간들을
마주하는 일

잊고 싶은 너를
마주해야 하는 순간

행복했던 순간들을
잊어야 하는 우리

자꾸만 넘어졌다

자꾸만 넘어졌다
마음이 급해서, 발목을 삐끗해서,
다리에 힘이 풀려서 넘어지기 일쑤였다
그래도 곧잘 일어나곤 하였다
처음엔 창피하고 아파서
일어서기가 힘들기도 했지만
요령이 생기니 여유롭게 좀 앉아있다,
천천히 일어나기도 했다

누구나 넘어지는 법이니까
나만 넘어지는 건 아닐 테니까
괜찮다 괜찮다 하며 나를 위로했다

그런데 오늘은 다쳤던 다리를 또 다쳤다
일어설 엄두가 나질 않는다
다리가 말을 듣지 않는다
일어서야 하는데 자꾸만 주저앉고 싶어진다
그냥 길바닥에 벌러덩 누워 잠들고 싶어진다
이러면 안 되는데, 나 다시 일어서야 하는데…

슬픈 이유

지금 내가 슬픈 건
너를 다시 볼 수 없어서도 아니고
우리가 이제 남이 되어서도 아니야

진짜로 내가 가슴이 아픈 건
우리에게도 좋았던 순간이 있었다는 거야

내가 너를,
네가 나를 바라보던 시간들이 분명 있었는데
그 마음들이 온데간데없이 사라져 버려서
이제는 남아있는 게 아무것도 없다는 게 나는 슬퍼

너를 잃어서도 아니고
내가 변해서도 아니고
그저 그랬었다는 사실이 자꾸만 나를 찔러서
나는 자꾸만 가슴이 미어져

그 마음들은 목적지가 없다

확신, 확실, 이런 게 실존하는 걸까
그때의 네 마음도, 내 믿음도 너무나 하찮아졌다

그 순간에는 존재했을지 모르나
지금은 사라진 지 오래
다시 떠올리려 애써봐도 생각나지 않는다
생각은 나는 듯한데 느껴지지 않는다
아주 조금 그날의 기분을 알 것도 같은데
나는 이제 아는 것이 없다

나는 너를 모른다
나는 나를 믿을 수도 없고 부정할 수도 없다
그날의 나는 존재했고
감정들은 흩날렸으며
이내 자취를 감췄다

아직도 여전히 어딘가를 스치고 있을지 모를
그 마음들은 목적지가 없다

나는 겁쟁이다

나는 겁쟁이다
아무런 말도 행동도 하지 못하는 겁쟁이다

입에서 뚫고 나오는 것들은 모두 거짓말
나를 점점 더 초라하게 만드는 지저분한 껍데기
나도 남도 속이기 위한 몸부림
끝날 것 같지 않은 이 삶에 대한 거부
돌아갈 수 없는 과거에 대한 변명

나는 겁쟁이다
할 수 있는 거라곤
내 속에 가득 찬 쓰레기들을
입으로 뱉는 것밖에 없는

나는 겁쟁이다

그렇게 살자

영화를 보는 내내 네 생각이 났어
영화 속 남자 주인공이 너를 참 닮았더라
나도 그 여자 주인공 같았던 걸까

그들도 사랑했고, 뜨거웠고
점점 식어갔지만 후회했잖아
그런데 우린 후회하지 않을 거니까
우린 헤어지길 참 잘했으니까
조금은 다른 결말일 거야

너도, 나도 우리가 우리였을 때보다
조금은 더 행복해지자
우리 그렇게 살자

이제 그만

어떤 마음일지, 얼마나 아플지
수많은 순간들이 후회로 한데 뒤엉켜 너를 옭아매는지
나 너무 잘 알아
이미 수없이 느꼈던 감정이고 상처야

누구나 아파
누구나 힘들어
다들 그렇게 후회 속에 살아

불행하게도 세상에서 제일 아픈 사람은 네가 아니야
미안하게도 나는 이제 너처럼 아프지 않아
그러니 너도 이제 그만 아파해

뱉어내지 못한 마음들

아무에게도 말하지 못한 그 마음들이
나를 너무 힘들게 했어
결국은 뱉어내지 못한 그 마음들이
아직도 내 안에 있어

네가 너무나 선명해서

너를 생각하지 않을 땐 몰랐는데
이제 와 떠올리기가 무섭게
네가 너무나 선명해서
어찌 너를 보내야 할지 모르겠다

그래서 그래

후회하기엔 너무 늦었고
후회한다고 달라지는 일은 아무것도 없겠지만
후회라도 하지 않으면 견딜 수가 없어서
그래서 그래

3부

우린 서로에게 더 큰 아픔이 될 거야

차마

나를 사랑하지도 않으면서
나를 아껴주지도 않을 거면서
외로울 때마다 나를 찾는 너를
나는 미워하지도 밀어내지도 못했어

너를 사랑하지도 않으면서
너를 아껴주지도 않을 거면서
외로울 때마다 네가 생각나서

그런 내가 밉고
그런 네가 나 같아서
차마 너를 밉다 말하지 못했어

언제까지

우리는 왜, 무엇 때문에
이토록 힘겨운 삶을 살아내야 하는 걸까

목표도 방향도 결국 정답은 아니었다
끝까지 달려서 도착한 곳엔 정답이 아닌
또 다른 삶의 반복이 기다리고 있었다

언제까지 가야 하는 걸까
어디까지 가야 이 삶이 끝이 날까

외로움

깊은 관계를 맺지 않고 산다는 건
그만큼 나를 외롭게 하는 일이었네요

행복

행복은 왜 찰나의 순간인 걸까
왜 지속되지 못하고
그 순간의 감정으로 남는 것일까

너는 끝내 나를 모르고
우린 다시 마주하지 않겠지

그 어떤 말도 변명도 하고 싶지 않았다
아니 어쩌면, 너를 붙잡고 내 얘기를 들어달라고
애원하고 싶었는지도 모르지

하지만 나는
아무런 말도 하지 않았고
너는 끝내 나를 모르고
우린 다시 마주하지 않겠지

내일도 당신이 그리워 마음 아프겠지

사람한테 상처를 가장 많이 받는다
사람이 여전히 어렵다
그럼에도 나는 사람이 좋고, 미워할 수 없고
밉다가도 그립고
때론 아프기까지 한다

사람이 무어길래 나를 이토록 힘들게 하는 것일까
대체 사람이 무엇인데
나는 그들 없이는 아무것도 아닌 것처럼 느껴지는 걸까

오늘도 나는 사람이 밉다가도 보고 싶다
내일도 나는 당신이 그리워 마음이 아프겠지

영원

이 세상에 영원한 건
영원이란 단어밖에 없다고
당신이 노래할 때

고개를 끄덕였지만
사실은 믿고 싶지 않았어

우리에게도 영원한 게 하나쯤은 있길 바랐거든

할 수 있는 일

사랑 고백이 줄어들고
눈빛의 온도가 낮아지고
당신의 마음이 멀어질 때

내가 할 수 있는 건 그저 기다리는 일
기약 없는 시간 속에서 오래오래 견디기
당신이 도망가지 않도록 혼자 너무 뜨겁지 않기

처음부터 아무도 없었던 것처럼

이렇게 자꾸만 부딪치다 보면
다 닳아 없어지게 되는 걸까?

너도
나도
처음부터 아무도 없었던 것처럼

우린 서로에게
더 큰 아픔이 될 거야

있잖아,
너는 괜찮다고 말했지만 안 괜찮다는 걸 알아

너는 정말로 괜찮을지도 모르지만
그런 너를 보는 나는 아마도 괜찮지 않을 거라서
나는 자신이 없어

네가 아무리 오라고 손짓해도
나는 발걸음이 떨어지지가 않아

날 바라보는 네 눈동자 뒤편에 상처가 선명해서
조금만 다가가도 눈물이 가득 차올라서
나는 너에게 갈 수가 없어

네가 아무리 괜찮다고 말해도
나는 그 눈동자에 갇혀
숨도 쉬지 못하고 질식하고 말겠지

너의 그 사랑에 잠겨 다시는 떠오르지 못할지도 모르고
나의 욕심에 너는 마음이 묶여
어디도 가지 못할 거야

우린 서로에게 더 큰 아픔이 될 거야
두 번 다시 다른 사람도, 사랑도 찾을 수 없고
서로의 마음에 갇혀 살 거야

그래도 괜찮아?
그렇대도 날 사랑해?
난 모르겠어

너에게 가지 않는대도
난 더이상 행복하지 못할지도 몰라

사실 나에겐 처음부터
너 이외의 선택지는 없었는지도 모르겠어

나에게 행복할 기회는
너뿐이었는지도

제자리

너무나 많은 일이 있었고
수많은 사람이 있었고
어리숙한 내가 있었던

그 곳
그 시간
그 사람

이제 모든 게 끝이 났다
모두 제자리로 돌아갈 시간이야

4부

행복은 바라지 않아요

이름

너는 모를 거야

내 입술에 네 이름이

얼마나 오랜 시간 동안 머물렀는지

미련

아주 오래전부터 다짐했다
결혼 같은 거 하지 말아야지
어차피 영원한 사랑 같은 건 없으니까
그런 게 있다 해도 내 것은 아닐 테니
기대 같은 건 하지 말아야지

가끔
병적으로 상대를 시험하고 몰아세우는 나를 보면서
사실은
그런 게 있다고 믿고 싶은 건 아니었을까 생각해

혹시나 해서
네가 내 사랑은 아닐까 해서
내게도 희망 같은 게 남아있지는 않을까 해서
그래서 그랬나 봐

없다는 걸 알면서도, 매번 실망하면서도
미련을 버리지 못하나 봐
나 참 미련하다

당신의 옆자리

그 자리에 누워 눈을 감으니
그 자리에 누워 눈감지 못하던 날들이 떠올라
숨죽여 울었다

행복은 바라지 않아요

나는요
사랑 없이 못 살아요

당신 없이 살 수는 있을지 몰라도
사랑이 없이는 못 살아요

당신의 사랑이 아니라면
다른 누구의 사랑이라도 상관없어요

행복은 바라지 않아요
처음부터 가진 적도 없으니까

그저 사랑이면 돼요
그게 누구든

어차피 서로 사랑하게 되는 건
꿈 같은 일이니까

더이상 어리지가 않다

사랑을 하고 사랑을 받고
누군갈 만나고 또 만나도
나는 채워지지 않았다

사랑을 하면 할수록 외롭다 느꼈고
많은 사람을 만날수록 공허함만 커졌다

채울 수 있을 거란 헛된 욕심에 내 마음은 지쳐갔고
이제 더는 희망을 품을 마음도 기대도 남아있지 않다

언젠가, 누군가가 채워 줄 거라 믿던 어린아이는
이제 더이상 어리지가 않다

당신

내가 아무리 못나게 굴어도
어여삐 봐주는 사람

내가 싫다고 밀어내도
거짓말인 걸 한눈에 알아채는 사람

내가 웃으면
아무런 말도 없이 같이 웃어주는 사람

나한테 두 번 다시 없을 사람

그게 너라서

네가 물어봐줘서 좋았어
아무도 궁금해하지 않는 나의 안부를
너는 물었잖아
그게 너라서 나는 참 좋았어

네가 묻기 전까지 나 괜찮았는데
네가 그렇게 나를 걱정하니까
갑자기 하나도 괜찮지 않아졌어

사실은 나 안 괜찮았던 걸까?
네 눈에는 그게 보였니?

그 누구도 궁금해하지 않는 내 마음을
너는 어떻게 안 거야?

숨이 녹아 가슴이 뜨겁다

기대었을 때의 무게감이 내 마음과 같을 때
파묻은 얼굴에 닿는 살내음이 너무도 익숙할 때
두 팔로 너를 끌어다 안고 싶을 때
이런 나를 너는 바라만 볼 때
나는 숨이 녹아 가슴이 뜨겁다

말하지 못한 슬픔

슬픈데 슬프다고 말하기가 겁나
울고 싶은데 울면 멈추지 않을까
무서워서 울지도 못해
내가 힘들어하면 누군가가 더 힘들어할 걸 아니까
그러지도 못하겠어

목구멍까지 올라오는 이름을 부르면
참을 수 없을 테니까 참고, 참고, 또 참아
생각보다 덤덤하다고 생각했는데 아닌가 봐
자꾸만 회피하는 건가 봐
생각하지 않으려 애쓰는가 봐

그냥 서운하다는 말밖에 할 수 있는 말이 없어
평소처럼 살아가는 것밖에 할 수 있는 일이 없어
나보다 더 아프고 힘들 사람이 눈앞에 있어서
어떻게 위로해야 할지도 모르겠어

세상에서 가장 잔인한

세상에서 가장 잔인한 건
사람의 말이 아닐까

말 한마디로
사람을 숨도 못 쉬게 할 수 있잖아
평생 아물지 않는 상처를 내잖아

그리고 영영 깨닫지 못하기도 해
당신의 말이 얼마나 날카로웠는지
얼마나 많은 피를 묻혔는지

조금은 더 행복한 선택

또다시
선택의 순간이 오거나
시련이 오면
고이 묻어 두었던 너를 꺼내어 펼쳐

그곳엔
이미 실패했고 앞서 아팠던 나와
조금은 더 행복한 선택을 할 수 있기를 바라는
나의 간절함이 있거든

그 마음들은 목적지가 없다
© 북씨, 2019

1판 1쇄 2019년 9월 20일
2판 1쇄 2022년 6월 1일

글 북씨

발행인 박상오

그림 오후   **편집** 김수진 임나경   **디자인** 이희진

펴낸곳 (주)디홀릭
출판등록 2019년 6월 24일 제 2019-00124호
주소 서울 영등포구 양평로30가길 22 1층
전화 010-2973-1711
E-mail dholic@d-holic.kr
SNS @seonyu_seoga(선유서가 인스타그램)

ISBN 979-11-969319-6-4
값 10,000원

선유서가는 (주)디홀릭의 출판 브랜드입니다.
이 책의 판권은 지은이 북씨와 출판사 (주)디홀릭에게 있습니다.
이 책 내용의 전부 또는 일부를 재사용 하려면 반드시 서면 동의를 받아야 합니다.